AF383690

Thèse

POUR LA LICENCE.

L'Acte public sur les matières ci-après sera soutenu,
le mercredi 30 janvier 1856, à dix heures,

Par Cléry-Daniel FAUQUET, né aux Cables (Eure).

Président : M. BONNIER, Professeur.

Suffragants :
MM. ROYER-COLLARD,
MACHELARD,
} Professeurs.

DELZERS,
DEMANGEAT,
} Suppléants.

*Le Candidat répondra en outre aux questions qui lui seront faites
sur les autres matières de l'enseignement.*

PARIS.

CHARLES DE MOURGUES FRÈRES, SUCCESSEURS DE VINCHON,
Imprimeurs de la Faculté de Droit,
RUE J.-J. ROUSSEAU, 8.

1856.

532

A MON PÈRE, A MA MÈRE.

JUS ROMANUM.

DE LITTERARUM OBLIGATIONIBUS.

(Gaii Instit., c. iii, § 128 à 134; Justiniani Inst., iii, 21.)

Quatuor genera sunt obligationum quæ ex contractu nascuntur; contrahuntur enim aut re, aut verbis, aut litteris, aut consensu.

Videamus tantum de his quæ litteris fiunt. Hic agitur de scripturis quæ interveniunt ad formandam obligationem et non tantum ad probandam. Gaïus ait obligationem fieri nominibus transcriptitiis, id est accepti vel expensi latio in codicibus domesticis. Tenebatur reus pecuniam acceptam ferendo vel consentiendo ut expensam qui scriberet tabulis plerumque simul per utrumque modum.

Fiebant nomina transcriptitia vel a re in personam, vel a persona in personam.

Incertum est an nominibus transcriptitiis obligabantur peregrini.

Erant scripturæ quæ arcaria nomina vocabantur. Quod genus

litterarum juris gentium erat, sed obligationem non faciebant, testimonium obligationis factæ præbebant.

Tempore Justiniani nomina in usu non erant. Sunt autem chirographa et cautiones.

DE FIDE INSTRUMENTORUM.

(C. IV, 21.)

Instrumenta sunt lato sensu omnia quibus potest instrui causa.

Stricto sensu accipiuntur instrumenta scripturæ quæ ad probationem prodere possunt ; de his tantum tractandum est.

Publica sunt instrumenta aut privata.

Publica sunt quæ publicæ personæ sicut tabelliones conscribunt.

Privata sine solemnitate facta dicuntur chirographa vel apochæ, vel antapochæ, vel cautiones.

Instrumenta obligationem non faciunt, sed probant; nam sine scriptura valet obligatio et aliunde probari potest sicut testibus.

Attamen si convenerit ut venditio scriptis fieret, perfecta non est nisi intervenerint scripturæ, donec aliquid scripturæ deèst pœnitentiæ locus est et potest emptor vel venditor sine pœna recedere nisi arrbæ nomine aliquid fuerint datum.

Is qui dedit aliquid eo nomine si recuset adimplere contractum perdit quod dedit. Is qui accepit duplum restituere compellitur. Cum instrumenta obligationem non formant sed probant, consequenter dicendum substantiam veritatis non tolli cum creditor amiserit ea quæ intercesserant.

Evenire potest ut ab eadem parte diversa et contraria producantur instrumenta , nulla est eo casu probatio.

Si quis negaverit manum propriam prolatam in libello aut alia charta, comparationi litterarum locus est.

DE NON NUMERATA PECUNIA.

(C. iv, 30.)

Eveniebat ut argentarii cautionem exigebant et postea dare nolebant, vel minus dabant.

Adversus scribentem plenam fidem habebat cautio , sed cum iniquum est ut qui nihil accepit aliquid solvat, de pecunia non numerata ei, permissum est, excipere.

Locus est exceptioni tantum cum agitur de pecunia non numerata causa mutui, itaque ob venditionem, locationem, transactionem nemo excipere potest.

Onus probandi non incumbit ei qui excipit, sed ei adversus quem excipitur.

Competit hæc exceptio reo et heredibus ; ita tamen ut heredibus competat tempus quod defuncto competebat. Item competit fidejussoribus et mandatoribus sicut et creditoribus.

Cessat lapsu temporis præfiniti, hoc erat quinquennium in principio, ex constitutione Justiniani biennium.

In duplum damnatur reus qui propriam scripturam, qua convenitur, abnegat, vel numerationem inficiatur, nisi sacramento illato confiteatur.

DE DOTE CAUTA NON NUMERATA.

(C. v, 15.)

Non numeratæ pecuniæ non solum locus esse potest ob causam mutui, sed etiam adversus dotis cautionem.

Evenit ut vir scribat se dotem recepisse et non receperit ;

in eo casu non quod scriptum est inspiciendum, sed quod actum est.

Competit non solum marito sed etiam heredibus ejus et cuilibet scripsit cum marito dotem a se susceptam adversus uxorem et heredes ejus.

Sed si animo donandi maritus agnoverit se dotem recepisse et usque ad mortem perseveraverit, cessabit exceptio.

Intra annum continuum a matrimonio soluto vel mulieris morte, vel repudio computandum invocatur exceptio, si non ultra biennium duraverit matrimonium ; quod si ultra biennium usque ad decem annos duraverit exceptio, intra tres menses erit opponenda; sed si decennium transcripserit, cessat plane, permissa tamen in integrum restitutione.

DE LEGE CORNELIA DE FALSIS.

(C. ix, 22. — D., xlivii, 10.)

Falsum est fraudulenta veritatis mutatio vel suppressio in præjudicium alterius facta.

Duplex est lex Cornelia de falsis : prior testamentaria, altera nummaria.

Qui testamentum, vel codicillos amoverit, celaverit, eripuerit, deleverit, interleverit, subjecerit, resignaverit, recitaverit, dolo malo pœna legis Corneliæ damnatur.

Lege Cornelia tenentur quamvis non utantur ii qui falsum scribunt vel signant testamentum.

Pœna falsi est deportatio et bonorum publicatio.

NOVELLÆ.

(44 et 73.)

Semper præsentes esse debent tabelliones, in officio dum conficiuntur instrumenta, sin autem non valent.

Si quis caute vult deponere, advocet tres honestos et dignos testes.

Testimonia contraria litteris digniora fide sunt cum jurejurando quam instrumenta instrumentis publice confectis; debet notarius etiam et scripto trium testimonium, præsentiam memorare.

POSITIONES.

I. An sufficiebat expensilatio in tabulis creditoris ut fieret litteris obligatio, sed consensu debitoris facta?

II. Debitor post biennium paratus sit probare pecuniam numeratam non esse an audiendus erit? — Audiendus.

III. An liceat non numeratæ pecuniæ exceptioni renuntiare? — Non.

IV. An confusio dotis exceptæ, a marito censentur facta spe futuræ numerationis aut animo donandi? — Spe futuræ numerationis.

V. Si tibi et Titio aut servo quem tu cum Titio possides legatum in alicujus testamento scripsisti, quantum tibi adscripseris pro non scripto erit, totum vero Titio accrescet.

DROIT FRANÇAIS.

CODE NAPOLÉON.

TRANSPORT DES CRÉANCES.
(1689-1695.)

Le Code, dans cette première partie du chapitre VIII, ne traite que de la cession des créances ; je n'ai donc pas à m'occuper du transport des autres droits que la loi par pléonasme appelle incorporels.

La vente d'une créance se nomme transport, cession, ou transport cession.

On donne les qualifications de cédant, cédé, cessionnaire à ceux qui concourent à la formation de ce contrat ; le cédant c'est le vendeur, le cédé le débiteur, et le cessionnaire le tiers acquéreur.

L'application rigoureuse des principes ne permettrait pas la cession ; une créance constitue un rapport entre deux personnes déterminées ; la cession ne pouvant se faire que par la disparition d'une de ces personnes, la relation de droit se trouve rompue et ne peut passer sur la tête d'un tiers.

Aussi chez les Romains, toujours esclaves de la règle, le préteur, l'homme du progrès, avait recours à la novation ou au mandat sans obligation de rendre compte.

Aujourd'hui il n'est plus besoin de ces formes détournées pour céder une créance.

Entre les parties, le transport s'opère *solo consensu*, et cela sans l'intervention du débiteur, même malgré lui ; le cessionnaire, comme *procurator in rem suam*, peut exercer les droits du cédant sans qu'il s'opère un changement dont le cédé puisse se plaindre. La remise du titre et l'usage que le cessionnaire en fait du consentement du cédant ne sont que l'exécution du contrat déjà formé. Mais, à l'égard des tiers, de ceux qui n'ont pas été parties à la cession, et qui ont intérêt à ce que le cédant soit encore créancier, le transport ne s'opère que par l'acceptation authentique du cédé ou la signification qui lui est faite par huissier.

Cette disposition, empruntée à la coutume de Paris, lie le débiteur et garantit les tiers des cessions simulées, ou du moins rend les surprises plus difficiles, puisque, dit M. Troplong, elle oblige l'acheteur à jouer un rôle actif qui répugne à un prête-nom.

Le cédé lui-même est un tiers, mais à l'égard duquel l'authenticité n'est pas requise. S'il accepte sous seing privé, ou verbalement, pourvu qu'on en fournisse la preuve, ou si son acceptation résulte implicitement d'un fait, il est irrévocablement engagé.

Le Code accorde les mêmes effets à l'acceptation et à la signification ; cela est vrai dans le but qu'elles se proposent, cependant la première sera bien plus avantageuse à l'acquéreur, à l'égard duquel elle sera un véritable acte récognitif.

Ces conditions d'existence du transport, amènent les conséquences suivantes : avant leur accomplissement le cédant est resté propriétaire vis-à-vis les tiers; il peut donner valable quittance, transporter une deuxième fois, et alors, des cessionnaires celui-là est préféré qui le premier a rendu publique sa créance (1691).

Les créanciers du cédant feront valablement opposition entre les mains du débiteur.

La compensation peut s'opérer entre le cédé et le cédant.

La vente d'une créance comprend ses accessoires tels que caution, privilége, hypothèque et tous autres moyens d'assurer l'exécution de l'obligation; par contre, le cessionnaire est susceptible des mêmes exceptions que le cédant (1692.)

Il est des créances qui sont transportables même à l'égard des tiers, sans l'accomplissement des formalités de 1690 : ce sont celles constatées par lettres de changes, billets à ordre, actions au porteur, actions de la Banque de France, rentes sur l'État, cessibles par l'endossement ou par un simple transport sur les registres du Trésor public.

Comme dans toute vente, le cédant de créances a deux obligations : délivrer et garantir.

La délivrance, c'est la remise du titre, ou l'usage que le cessionnaire en fait du consentement du cédant.

Quant à la protection due au vendeur, elle n'est pas étendue; le cessionnaire n'est pas vu d'un bon œil par la loi, aussi sa garantie se borne aux pertes qu'il peut éprouver; du fait de la loi le cédant ne lui assure, outre la garantie de ses faits personnels, que l'existence de la créance au moment de la vente, et la garantie de droit n'oblige le vendeur, en cas d'éviction, à lui rembourser que les frais et loyaux-coûts du contrat, le prix de cession, les frais faits inutilement contre le cédé (1693-1628.)

Les parties sont libres d'étendre cette garantie, mais l'engagement pris par le cédant de garantir la créance ne peut lui être opposé qu'après discussion préalable du débiteur, et ne s'entend que de la solvabilité actuelle et seulement jusqu'à concurrence du prix de vente de la créance, à moins de stipulations expresses (1694-1695).

QUESTIONS.

I. La surenchère ne peut être faite par le cessionnaire qui n'a pas signifié le transport.

II. La connaissance indirecte du transport vaut signification entre les parties, mais en est-il de même à l'égard des tiers?— Non.

III. Le simple endossement transfère, avec la propriété du titre, la garantie hypothécaire qui y est jointe.

IV. Dans la garantie conventionnelle de fournir et faire valoir, la négligence du cessionnaire décharge le cédant.

CODE DE COMMERCE.
(Titre VIII.)

DE LA LETTRE DE CHANGE, DU BILLET A ORDRE, DE LA PRESCRIPTION.

SECTION Ire.

De la lettre de change.

Préliminaires. — Un effet suppose une cause; la lettre de

change est un moyen de preuve et d'exécution, un moyen dont
le contrat de change est la fin.

Toutes les fois qu'on abandonne un objet pour en avoir un
autre, il y a change ; est-ce une monnaie que vous donnez pour
en recevoir une autre, signez vous une lettre dans laquelle vous
vous engagez à faire toucher dans un autre lieu une somme
équivalente à celle qu'on vous remet , il y a change. Le premier
est le change manuel , le second est l'échange du numéraire
contre des effets payables dans une autre ville, celui dont l'agent
indispensable est la lettre de change.

Le papier, sous ce point de vue, est une véritable marchandise
qui se vend moyennant un prix , prix qui est le change lui-
même, et dont le taux moyen forme le cours du change. Suivant les circonstances ce cours sera au pair, haut ou bas.

Le contrat de change est un contrat par lequel une personne
s'engage envers une autre , moyennant une valeur qu'elle en
reçoit ou en doit recevoir, à lui faire toucher telle somme à
telle époque , dans un lieu autre que celui où le contrat est
formé.

Il a pour but d'éviter les frais, les risques, les retards que le
transport réel de l'argent apporterait au commerce.

Ce contrat est consensuel, à titre onéreux, commutatif, synallagmatique, du droit des gens.

Il tient de la cession, de la vente, de l'échange, autour des-
quels peuvent venir se grouper le mandat, la commission, le
cautionnement, le quasi-contrat de gestion d'affaires et n'en a
pas moins malgré cette nature complexe, son existence propre.

La formation du contrat de change n'est pas assujettie à des
formes spéciales; s'il est rédigé par écrit, l'acte qui le constate
a les effets qui résultent de la forme dans laquelle il est
rédigé.

L'écrit seul qui réalise la convention est soumis à certaines prescriptions.

Le premier ne peut tenir lieu du second, dont il n'est que la promesse.

Cet écrit spécial, c'est la lettre de change.

Origine. — Plusieurs opinions ont été émises sur l'origine des lettres de change.

On a prétendu qu'elles étaient nées des besoins du commerce; cette réponse nous indique seulement la cause qui a donné lieu à leur création, mais ne montre pas qui a senti ces besoins du commerce, a compris la nécessité de la lettre de change.

Les cités commerçantes de l'antiquité pratiquaient le contrat de change, les Grecs avaient des αργυρωπακται, on trouve chez les Romains des *collybistæ* qui échangeaient les monnaies, mais cela ne prouve pas qu'ils avaient connaissance de la lettre de change.

L'opinion qui accorde cet honneur aux Florentins réfugiés à Amsterdam vers la fin du XIVe siècle ne peut être admise, puisque nous trouvons la lettre de change mentionnée à Venise en 1272 et à Avignon en 1243, sous le nom de *litteræ cambii.*

D'autres auteurs, et avec plus de raison selon toute apparence, indiquent les juifs.

Quand ils furent chassés de France en 1181, ils laissèrent une partie de leurs immenses trésors aux mains d'amis dévoués. Pour recouvrer ces biens qu'on ne pouvait leur envoyer en nature, puisqu'il était interdit de sortir de l'argent de France, ils inventèrent la lettre de change, qui d'abord n'était, comme dit un vieil auteur, qu'une lettre en style concis et de peu de paroles. Ce n'est que plus tard qu'elle atteignit sa perfection actuelle.

Au XVe siècle, le commerce, débarrassé des obstacles qui, jusqu'alors, s'étaient opposés à son développement, prit un grand essor. Louis XI le couvrit d'une protection ferme et éclairée, sentit ses besoins nouveaux et reconnut le premier l'existence de la lettre de change. C'est à lui que sont dus les fondements de la législation qui la régit (1).

FORME ET CONDITIONS.

La lettre de change est un acte solennel en forme de lettre, par laquelle le souscripteur mande à une tierce personne de payer dans un autre lieu une certaine somme à celui au profit de qui la lettre est souscrite ou au cessionnaire de ce dernier (2).

Pour souscrire une lettre de change, il faut la capacité de contracter.

Elle est réputée par 632 acte de commerce entre toutes personnes, et comme telle soumise par 631 à la juridiction commerciale.

Mais entendrons-nous ces mots : *entre toutes personnes*, dans un sens absolu? Il est certaines personnes pour lesquelles la loi modifie l'exercice du droit de contracter.

Ainsi : les filles et femmes non marchandes publiques ne peuvent être signataires de lettres de change, et leur signature ne vaut, *à leur égard*, que comme simple promesse (113). Bien plus, il est hors de doute que l'acte serait entièrement nul si la femme avait agi sans le consentement de son mari (225, C. civ.).

Ces mêmes principes s'appliquent au mineur non commerçant : l'art. 114 déclare leur signature nulle *à leur égard*, sauf, dit-il, les droits respectifs des parties, c'est-à-dire le droit pour le mineur de répéter ce qu'il aurait payé, et la faculté pour les

---

(1) Patente de Louis XI donnée à Acys en Gascogne en 1642. — (2) Bravard.

tiers de requérir l'application de la règle : *Nemo locupletior fieri potest detrimento alterius.*

Les agents de change et courtiers ne peuvent faire trafic de lettres de change; ils ne peuvent en souscrire que s'ils ont besoin d'argent dans un autre lieu et pour se faire payer d'un débiteur; non comme tout à l'heure dans une idée de protection, mais au contraire par une présomption de cupidité, de surprise contre les tiers.

Un décret de 1810 fait aux magistrats et avocats la même interdiction.

Dans toute lettre il faut au moins trois personnes : celle qui touche la valeur, celle qui la fournit, celle qui la remboursera ; les deux premières seules contractent et concourent à la formation de la lettre de change.

Quelquefois il n'y a que deux noms d'indiqués sur le titre: le tireur alors cumule cette position avec celle de preneur, et la négociation à un tiers demeurant dans un autre lieu que celui du domicile du tireur est nécessaire pour rendre la lettre valable.

Les autres personnes qui peuvent figurer sont : le tireur pour compte, le donneur d'ordre, l'accepteur par intervention, le besoin ou recommanditaire, l'endosseur, le donneur d'aval (111).

Conditions exigées. —Remise d'un lieu sur un autre ; elle est de l'essence de la lettre de change, ce qui n'implique pas, comme semble l'indiquer 632, la remise de place en place ; si le tiré se trouve au moment du payement dans le lieu d'où la lettre de change a été tirée et qu'il l'acquitte, l'art. 110 n'en aura pas moins été observé. Il en serait de même si elle avait été acceptée au lieu où elle fut créée, le lieu du payement étant différent (110).

Date. —La date est l'énonciation du jour et du lieu où la lettre est faite. Elle doit être mise sur la lettre même, et est requise à peine de nullité, nullité qui, étant apparente, peut être opposée à tous et par tous, même par le tireur au porteur, quoi qu'en dise Pothier, parce qu'on peut toujours invoquer une fraude à la loi; mais on ne pourrait en exciper contre les cessionnaires du porteur (110).

Énonciation de la somme à payer. — Elle est énoncée en lettres ou en chiffres; elle doit consister en une somme d'argent (110).

Nom du tiré, ou au moins une désignation telle qu'on puisse facilement le reconnaître. — Cependant, en cas d'omission, l'avis donné au preneur que le tiré a accepté validerait le titre. Le nom du tiré ne peut être celui du tireur (110).

Époque du payement. — Elle peut être : à jour fixe ou à jour déterminé en foire; à vue, à un ou plusieurs jours, mois ou usances de vue; à un ou plusieurs jours, mois ou usances de date. Ce défaut de mention entraînerait la nullité, et ne peut être suppléé par la supposition que les parties ont voulu en exiger immédiatement le payement, ou après les délais nécessaires pour la présenter. Le juge ne pourrait la fixer; elle ne peut dépendre de l'arrivée d'une condition (110).

Lieu du payement. — Il doit figurer dans la lettre, que ce soit celui du domicile du tiré ou d'un domiciliataire. Il est indiqué par le tireur ou postérieurement par l'accepteur (110).

Nom de celui à qui ou à l'ordre de qui elle est payable. — Si, cette mention omise, la lettre désigne le nom du donneur de valeur, je pense avec Pothier qu'on doit présumer que les parties ont entendu qu'il serait le porteur. On objecte cependant que souvent le donneur de valeur et le preneur ne sont pas la même personne; d'autres ont pensé que ce serait une question de fait. La clause à ordre ou une mention analogue est de toute nécessité. L'ordre peut être en faveur d'un tiers ce qui exclut le tiré, ou au nom du tireur lui-même; mais alors elle n'est valable que par l'endossement dans un lieu autre que celui du payement; toutefois cet endossement n'est pas nécessaire lorsque le tireur n'a agi que comme mandataire.

Mention de la valeur fournie, et sa désignation. — Cette valeur fournie est la cause du contrat de change, cause qui, contrairement aux principes, ne se présume pas. Si cette valeur est fausse ou l'indication insuffisante, la lettre sera nulle excepté contre le porteur de bonne foi.

La mention peut être faite en ces termes : valeur reçue en argent, en espèces, reçue comptant, reçue en marchandises ; mais ceux-ci : valeur reçue, valeur entendue, valeur entre nous, seraient insuffisants. Il en serait de même de l'expression : valeur en moi-même, à moins que la lettre ne soit à l'ordre du tireur lui-même. L'expression : valeur en compte, signifie que le tireur débiteur du preneur, l'a crédité du montant de la lettre (110).

Signature du tireur. — Elle doit être apposée sur la lettre quoique la loi n'en fasse pas mention, à moins que le titre ne soit rédigé par acte authentique.

Enonciations facultatives. — Le tireur ne peut refuser au porteur plusieurs exemplaires, pourvu qu'on le rende indemne. Ces divers exemplaires permettent de négocier la lettre pendant qu'un exemplaire sera parti à l'acceptation, et de se faire payer malgré la perte d'un exemplaire, pourvu que ce ne soit pas celui sur lequel est l'acceptation (110, 150).

Le tireur peut indiquer un domiciliataire; l'accepteur aurait également ce droit, pourvu que le tireur n'en eût pas usé. Cette faculté permet au tireur de se faire payer dans le lieu même d'où il tire la lettre (111).

Ce titre peut également porter que la lettre est faite d'ordre et pour compte d'un tiers; la mention : au nom d'un tiers, ne serait pas du tout la même chose. La première permet aux commerçants de mettre leur crédit à l'abri de doutes qui ne s'élèvent que trop facilement; elle est aussi un moyen pour ceux qui ne peuvent se rendre signataires de lettres de change de jouir de ses avantages; le tireur pour compte ne s'oblige pas envers l'accepteur, vis-à-vis duquel il n'est que le mandataire du donneur d'ordre; mais vis-à-vis du tiers endosseur et du porteur, il est tenu comme tout commissionnaire; d'où il découle que l'accepteur peut seul directement poursuivre le donneur d'ordre, et cela que l'existence d'un mandant soit mentionnée ou passée sous silence dans le titre, et que si elle est indiquée, ce soit par son nom ou par ses initiales (110).

Le besoin est une personne à laquelle le porteur devra s'adresser en cas de refus du tiré; mais le prêteur agira sagement en envoyant la lettre à l'acceptation du besoin, de peur que celui-ci n'ait été désigné à son insu ou sans son consentement.

Le besoin est mentionné sur la lettre même, ou sur une feuille séparée; les protêts doivent lui être faits comme au tiré lui-même.

Les endosseurs peuvent indiquer un besoin, car ils sont vis-à-vis du porteur ce que le tireur est au preneur.

Pour protéger le tireur et les endosseurs contre l'insolvabilité du tiré, le titre contient souvent la clause de retour sans frais. Le porteur n'en est pas moins obligé de présenter la lettre à l'échéance; le défaut de payement fera présumer la présentation de la lettre, mais le tireur sera recevable à prouver la négligence du porteur qui pourrait encourir la déchéance de ses droits. Un endosseur, du moins pour certains auteurs, peut faire la mention de retour sans frais, mais elle ne dispensera pas le porteur du protêt pour conserver son recours contre le tireur ou les endosseurs antérieurs.

Le titre peut exempter les signataires de la solidarité ou de la garantie; il n'est pas besoin que cette clause soit reproduite par tous les endosseurs pour qu'elle ait son effet.

On peut annoncer dans le titre qu'on enverra des lettres d'avis ou qu'il n'en sera expédié aucune. C'est ce qu'on entend d'habitude par ces mots : *suivant avis de...*, *sans autre avis de...* Elles confirment la lettre et permettent au tiré de s'assurer de sa position vis-à-vis du tireur.

Suppositions. — Lorsque l'acte n'est pas conforme aux conventions des parties, il y a supposition.

On distingue les suppositions : *de nom*. Elle a lieu lorsque le tireur, le tiré et le preneur sont des personnes imaginaires, ou lorsque, les personnes étant véritables, on a extorqué leur signature, ce qui rentre dans le faux (112).

De qualité. C'est l'adjonction qu'un signataire fait à son nom de la qualité propre à un autre négociant pour profiter de son crédit.

De domicile. Elle a lieu toutes les fois qu'une fausse indication est donnée pour les domiciles désignés (112).

De lieu. Toutes les fois qu'on suppose un lieu autre que celui d'où la lettre est tirée ou que celui où elle est payable, il y a supposition *de lieu*. Elle a pour but d'éluder la condition essentielle de la remise d'un lieu sur un autre. Mais si, malgré la supposition, le titre n'en est pas moins tiré d'un lieu sur un autre, que décider?

Par le seul fait de la supposition la lettre sera réputée simple promesse, disent les uns, et la jurisprudence confirme leur décision. D'autres prétendent que la lettre ne sera invalidée que s'il n'y a pas réellement remise d'un lieu sur un autre; on pourrait ajouter : s'il n'en résulte aucun dommage.

De valeur fournie. Il ne peut y avoir supposition que sur la nature de la valeur fournie, ou plutôt c'est dans ce cas seulement qu'on pourra se demander si la supposition produit des

effets ou est sans aucun résultat pour la validité du titre. S'il
y avait supposition de valeur l'acte serait nul pour défaut de
cause.

L'art. 112 dit que les lettres contenant les suppositions qui
précèdent sont réputées simples promesses. Ces mots sont bien
vagues, mais c'est probablement à dessein que le législateur les
a employés ; il est en effet difficile de poser des règles absolues
sur des questions de fait qu'il faut laisser à l'appréciation des
tribunaux.

On s'accorde assez à penser que l'auteur de ces suppositions
peut en exciper vis-à-vis de ses complices, malgré l'odieux
d'une lutte où les parties se renverront leurs accusations; mais
quid, quant aux tiers de bonne foi?

Quoiqu'on soutienne que l'art. 112 est absolu, qu'on ne peut
faire de distinction là où la loi n'en fait pas, il serait bien injuste
de décider que le tiers, qui n'est pas même coupable de négligence, ne pourra s'appuyer sur le principe rendu par cette
vieille maxime : *Nemo auditur turpitudinem suam allegans.*

De la provision.

La provision ou couverture est une valeur destinée au payement de la lettre de change.

Elle peut consister, soit en une somme d'argent, soit en une
créance du tireur sur le tiré, soit en un crédit accordé par le
tiré.

La provision doit être au moins égale au montant de la lettre
de change.

On s'est demandé si lorsque le tireur est créancier du tiré
pour une somme non exigible au moment de l'échéance, il y
avait provision; il semble que non, car qui doit à terme ne doit

rien; mais on penche généralement pour l'opinion contraire, et la Cour de cassation a décidé l'affirmative.

Elle est due par le tireur, le seul obligé, et c'est de toute justice : il a touché la valeur de la lettre, c'est à lui de la faire parvenir au tiré, pour que ce dernier accepte. Quant au tiré, il n'est nullement tenu d'accepter tant qu'il n'a pas provision, et il fera même bien d'user de son droit; car d'après les principes du mandat, il n'aurait aucune action contre le tireur avant l'échéance, sauf le cas de faillite.

Les endosseurs ont aussi intérêt à ce que la provision soit faite, car si la traite reste en souffrance parce que le tiré refuse d'accepter n'ayant pas provision, ils seront soumis à un recours de leur cessionnaire et de ceux de celui-ci.

Le porteur ne doit pas désirer moins que les endosseurs l'accomplissement de ce devoir du tiré, puisqu'il doit lui assurer le payement à lui qui a fourni le montant du titre et qui n'a reçu qu'un papier dont la valeur est assurée en grande partie par la provision ; mais sauf un cas exceptionnel, il n'est pas forcé de le faire.

C'est ici le lieu de se demander quels sont les droits du porteur sur la provision, en cas de faillite du tireur ou du tiré.

Faillite du tireur. — Nous supposons que le tiré n'a pas accepté, car, dans le cas contraire, la question n'aurait plus le même intérêt.

En matière de faillite, dit-on, il n'y a des créanciers privilégiés que ceux que la loi a spécialement indiqués; de plus le contrat de change n'oblige pas à donner, mais à faire ; à cela on répond qu'il faut interpréter les contrats suivants, l'intention des parties ; le preneur, en versant son argent au tireur, ne l'a fait que dans l'espoir qu'on lui ferait toucher l'intégralité de cette somme à l'échéance, et c'est pour remplir cette obligation qui lui incombe que le tireur a fourni la provision. Le porteur a reçu immédiatement la propriété de la lettre de change, mais le papier n'est qu'un signe. Qu'ont en vue les parties? La valeur qu'il représente ; la lettre de change n'est qu'une monnaie factice, et quand on se la fait céder, c'est sa valeur qu'on achète, valeur représentée par la provision ; et ici, la propriété de la provision, conséquence du transport du titre, est transférée comme le titre lui-même, c'est-à-dire par la voie de l'endossement. La provision n'étant due qu'à l'échéance, peut bien, il est vrai, ne pas exister lors du transport de la lettre de change, mais on peut transférer les droits qu'on n'aura qu'à telle époque. Le cessionnaire est alors censé avoir laissé un terme à son cédant, terme qu'on devra respecter, si un événement ne vient le faire cesser, comme la faillite.

Du reste l'art. 149, en ne permettant l'opposition au payement qu'en cas de faillite du porteur, semble trancher la question.

Faillite du tiré. — La provision peut avoir été envoyée au tiré avec destination spéciale au payement de la lettre de change ; alors le tiré joue ici le rôle d'un simple dépositaire et ses créanciers n'auront aucun droit sur la provision, ne pouvant en avoir plus que leur auteur ; la revendication pourra être élevée d'après les art. 581 et 583 ; elle pourrait même l'être en s'appuyant sur les principes du dépôt, si les valeurs avaient été réalisées ; mais, si la provision consiste en une créance du tireur sur le tiré, ce dernier n'ayant pas accepté, il n'y a aucune affectation spéciale au payement de la lettre, et le tireur n'a pu transférer, par sa seule volonté, la propriété de choses fongibles dont il est créancier. Si, au contraire, le tiré a accepté légalement, c'est-à-dire avant les dix jours qui précèdent la cessation de ses payements, cette acceptation a pour effet de mettre la somme en dehors de l'actif, de la mettre en réserve pour un emploi déterminé, et le porteur est saisi par le concours de volontés de tous les intéressés.

L'art. 117 est rédigé en termes très-vagues. L'acceptation suppose la provision, dit-il : mais entre qui, contre qui ?

On a dit que l'acceptation était une présomption contre le tiré à l'égard des endosseurs et du porteur, et qu'il n'était plus admis à prouver que la provision n'avait pas été faite; mais que du tireur au tiré elle n'avait aucun effet (1).

Le porteur peut toujours, soutient un autre auteur, aller trouver le tiré avant l'échéance et lui demander s'il accepte; s'il accepte, le porteur ne peut lui demander une autre preuve de la provision jusqu'à l'échéance (2).

Dans un autre système, il y aurait présomption contre le tiré à l'égard du porteur, et contre le porteur à l'égard des endosseurs. Quant au tireur, il ne pourrait en invoquer le bénéfice que contre le tiré; pour s'opposer au recours du porteur ou d'un endosseur négligent : il devrait chercher ailleurs des moyens de preuve de l'existence de la provision à l'échéance (3).

Enfin, et c'est l'opinion la plus accréditée, la présomption existerait seulement entre le tireur et le tiré ; il ne pourrait en être excipé contre le porteur (4).

En continuant l'art. 117 nous trouvons : l'acceptation établit la preuve de la provision à l'égard des endosseurs.

A prendre ces mots à la lettre, on serait tenté de croire que les endosseurs comme le tireur, pour éviter l'action du porteur négligent, doivent prouver la provision ; seulement pour eux cette preuve serait entièrement acquise par l'acceptation. Mais, pour être obligé de prouver qu'on a fait une chose, il faut au moins être tenu de la faire, et les principes de la lettre de change,

---

(1) Delvincourt. — (2) Pardessus. — (3) Nouguier. — (4) Bravard-Veyrières.

la suite de 117 lui-même nous prouvent que les endosseurs ne sont pas obligés à fournir provision ; bien plus, les art. 169 et 170 déclarent le porteur retardataire déchu de tous droits contre les endosseurs, sans astreindre ces derniers à aucune preuve.

Il est difficile de donner un sens à ce passage de l'art. 117. Evidemment il a été dicté par l'ordonnance de 1673 qui disposait que les endosseurs comme le tireur étaient obligés de prouver la provision, disposition que déjà avant le Code actuel on voulait modifier en n'exigeant pas d'eux cette preuve quand la lettre avait été acceptée (1) et que les rédacteurs du Code ont abolie définitivement en ne la leur demandant jamais. Cette nouvelle disposition, indiquée du reste très-clairement par les art. 168 et 170, est consacrée par ces mots du 3ᵉ alinéa de l'art. 117 : *le tireur seul*, etc.; seulement on oublia de rayer le 2ᵉ paragraphe, devenu en opposition avec les principes.

D'ailleurs, ainsi qu'on l'enseigne, ce n'est pas le 2ᵉ alinéa seul mais l'art. 117 tout entier qui aurait pu disparaître, puisqu'il se borne à des généralités et que leurs conséquences sont développées avec précision dans 168, 189 et 170 (2).

L'art. 115 dit que quand la lettre est tirée d'ordre et pour le compte d'un tiers, la provision est faite par le donneur d'ordre, sans que le tireur cesse d'être obligé personnellement à l'égard du porteur et des endosseurs seulement.

Le tireur pour compte, alors, n'est tenu de la provision que vis-à-vis des endosseurs et du porteur ; le tiré ne peut exiger de lui que la preuve de son mandat.

Cette décision est tout à fait autorisée maintenant par les

---

(1) Pothier. — (2) Bravard.

mots formels de l'art. 115, mais autrefois le tiré soutenait que le tireur était son obligé et la Cour de cassation a jugé en ce sens.

En un mot, maintenant, le tireur est un mandataire pour le tiré, et vis-à-vis des endosseurs et du porteur un commissionnaire.

Quelques personnes soutiennent encore pourtant que pour les endosseurs et le porteur, le donneur d'ordre et le tireur pour compte sont deux tireurs solidaires.

On veut aussi que lorsque le tiré paye pour le tireur pour compte il puisse par cette seule déclaration l'obliger à le rembourser, puisqu'en payant pour lui il a été un véritable gérant d'affaires et lui a évité l'action en recours du porteur; mais il est plus rationnel que le tiré laisse protester la lettre et la paye ensuite par intervention pour le tireur.

Acceptation.

L'acceptation est l'engagement personnel que prend le tiré, par une déclaration inscrite sur le titre même, d'en payer le montant à l'échéance.

Quoique le tireur ne mette sur la lettre de change que ce mot : *payez*, il est obligé de fournir l'acceptation qui en facilitera la circulation.

Le tiré n'est pas forcé d'accepter, mais il peut résulter de son refus des dommages et intérêts, si après avoir promis d'accepter il change d'avis par pur caprice; il en est de même si ayant reçu des effets en provision, il ne s'est engagé que sauf rentrées.

La provision peut consister en une créance liquide et exigible que le tireur a sur le tiré; est-il alors tenu d'accepter?

Si le tiré n'est pas commerçant et que sa dette ne soit pas commerciale, on ne pourra lui faire un crime de ne pas vouloir se soumettre aux conséquences qu'entraînerait ce changement dans la nature de sa dette.

Mais si le tiré est commerçant et que sa dette soit commerciale, les uns disent qu'il ne sera pas encore forcé d'accepter, parce qu'en le faisant il renoncerait à la possibilité d'obtenir un délai de grâce du juge, et de payer avant l'échéance.

D'autres soutiennent que dans ce cas le tiré ne peut refuser d'accepter; Pothier partage cette opinion, qu'il fonde sur l'usage constant du commerce, et il dit qu'il y a lieu d'appliquer cette règle de droit : *in contractibus tacite conveniunt quæ sunt moris et consuetudinis.*

Les endosseurs n'ont aucune obligation par rapport à l'acceptation, quoiqu'ils soient solidairement tenus avec le tireur, qui, lui, doit la fournir.

Leur obligation consiste à garantir le payement et non à procurer l'acceptation.

C'est un droit pour le porteur de demander l'acceptation, mais en principe il n'y est pas obligé. Cependant cette faculté se change en devoir lorsqu'il s'y est obligé vis-à-vis du tireur, ou lorsque le jour de l'échéance n'est pas fixe et déterminé. Dans ce cas il doit le faire dans des délais que la loi a calculé, sur la distance des lieux et la difficulté des communications (art. 160).

L'acceptation peut ou doit, suivant les mêmes distinctions, être demandée aux besoins, en cas de refus, du tiré et dans l'ordre où ils sont indiqués.

La lettre peut être présentée à l'acceptation jusqu'à la veille de l'échéance, mais passé ce jour le droit de la demander se confond avec celui d'exiger le payement.

La même confusion de droits a lieu lorsque la lettre est à vue ou que le tiers est tombé en faillite.

La demande se fait par la remise du titre ou d'un des exemplaires dont on exige une reconnaissance. La réponse doit être faite dans les vingt-quatre heures; passé ce délai on ne serait pas censé accepter, mais il y aurait lieu à dommages et intérêts si la réponse n'était pas faite et le titre remis (125).

L'acceptation doit être faite par écrit et signée; elle doit être donnée sur le titre même; on doit ainsi décider en présence du silence de la loi, qui a bien su en dispenser l'aval.

S'il y avait plusieurs tirés, l'acceptation de l'un d'eux n'obligerait pas l'autre, à moins qu'ils ne fussent en société.

La date n'est nécessaire que lorsque la lettre est à tant de jours de vue; l'omission, dans ce cas, fixe l'exigibilité à l'expiration de ce délai commençant à courir de la date de la lettre elle-même (122).

L'acceptation est exprimée d'ordinaire par le mot *acceptée*; mais on peut employer tout autre, pourvu qu'il exprime clairement la volonté d'accepter (122).

L'acceptation d'une lettre payable au domicile d'un tiers doit indiquer ce domicile, si le tireur ne l'a pas fait (123).

L'acceptation ne peut être conditionnelle, même quand la prévision serait l'objet de la condition. Si le tiré créancier du tireur d'une somme liquide et exigible mettait : acceptée pour payer à moi-même, il indiquerait qu'il n'accepte que pour faire compensation. La condition, dans ce cas, est généralement admise. L'acceptation peut être restreinte quant à la somme acceptée (124).

En acceptant, le tiré devient débiteur direct et principal du porteur, et par ce même fait l'obligation du tireur est transférée en simple caution. Le contrat de mandat est définitivement formé entre le tireur et le tiré par le consentement exprimé de ce dernier.

L'acceptation est irrévocable : le consentement du tireur, sa faillite survenue avant ou depuis l'acceptation, ne sauraient la détruire.

L'erreur n'étant une cause de nullité des contrats que lorsqu'elle porte sur la substance même de la chose, ou sur la personne lorsque la considération de cette personne a été la cause déterminante, ne peut non plus annuler l'acceptation, puisque ces deux cas ne peuvent se présenter.

On s'accorde à dire que l'accepteur pourrait exciper de la violence et du dol contre leur auteur sans avoir le même droit contre les tiers de bonne foi.

L'irréversabilité commence à la remise du titre accepté. Il y a concours de volontés que les parties se sont réciproquement déclarées; le contrat est formé.

Si le tiré refuse d'accepter ou n'accepte que pour partie, le porteur doit protester pour le tout dans le premier cas, pour le surplus dans le deuxième, du moins lorsqu'il était obligé de requérir l'acceptation. Il n'a pas le droit d'exiger un remboursement immédiat, mais les endosseurs et le tireur doivent lui fournir caution qu'il sera payé à l'échéance. Le porteur a le droit de s'adresser à n'importe quel signataire de la lettre; à son tour celui-ci pourra attaquer ses garants; mais il ne peut exiger d'eux autre chose qu'une caution, quand même il aurait remboursé immédiatement (120).

La caution n'est tenue qu'avec celui qu'elle a cautionné (120).

Acceptation par intervention.

L'acceptation par intervention est l'engagement de payer pris officieusement par un tiers sur le refus du tiré de le faire. C'est un acte de quasi-contrat de gestion d'affaires produisant ses effets, et qui n'avait pas besoin d'être permis spécialement ici, puisque les principes formulés par 1375 permettent toujours, comme l'a dit un auteur, d'usurper pour ainsi dire un mandat et de gérer utilement les affaires d'autrui. Toujours précédée du protêt faute de payement, elle est mentionnée dans cet acte et signée de l'intervenant (126). L'intervenant est tenu de notifier sans délai son intervention à celui pour qui il est intervenu (127).

Les tiers seuls peuvent intervenir. Les signataires de la lettre ne le peuvent pas, car on ne peut intervenir dans sa propre affaire. Le tiré est un tiers; puisqu'il a refusé le mandat, il pourra donc accepter, de même que le porteur et le tireur.

L'intervention peut avoir lieu sans le porteur ou l'un des endosseurs. L'intervenant prend la place du tiré et l'engagement de remplir ses obligations. Le porteur a ainsi un obligé autre que celui sur lequel il avait compté; le tireur et les endosseurs, en manquant à leur engagement, n'ont pu être libérés par l'intervention, et le porteur conserve le droit de demander caution ou d'exiger remboursement immédiat (128).

Si l'intervenant est le tiré, le porteur ayant obtenu l'acceptation de celui qui était désigné pour la donner, ne peut faire aucunes poursuites.

L'intervenant peut accepter pour partie, même pour la partie protestée si on a déjà accepté partiellement. Son acceptation est irrévocable comme celle du tiré.

De l'échéance.

L'échéance est l'époque à laquelle le payement de la lettre doit être effectué.

Elle peut être à jour déterminé ou à jour fixe, au 20 août ou à la Saint-Martin.

En foire, c'est-à-dire le jour même si la foire ne dure qu'un jour, la veille de la clôture dans le cas contraire.

A vue, à un ou plusieurs jours, mois ou usance de vue. Le point de départ est fixé par la date de l'acceptation du protêt. A un ou plusieurs jours, mois ou usance de date, le délai court à partir du lendemain de la date de la lettre. On applique la règle : *Dies a quo non computatur in termine.*

Une lettre payable au jour fixé est exigible la veille (134) ; l'usance est de trente jours ; les mois sont tels qu'ils sont fixés par le calendrier grégorien (132).

Tous les délais de grâce, de faveur ou d'habitude locale sont abrogés (135).

De la négociation.

Les lettres se transmettent par l'endossement.

L'endossement est une cession simplifiée et débarrassée des formes exigées par l'art. 1690.

Il peut se mettre sur une allonge en cas d'insuffisance du titre.

On distingue l'endossement régulier et l'endossement irrégulier.

L'endossement doit être signé ; on n'exige la remise d'un lieu sur un autre que lorsque l'endosseur est le tireur lui-même.

La date est de toute nécessité ; sans elle, l'endossement n'est plus qu'une simple procuration. L'acte étant alors nul *ab initio* par une omission, ne peut être validé par un aval mis au bas de l'endossement et daté, ni par un protêt fait à la requête de celui à qui l'ordre est passé.

L'endossement doit énoncer la valeur fournie, le nom et l'ordre du porteur. Il ne peut être fait que sous seing privé , sur l'acte même ; il n'est pas nécessaire qu'il soit écrit en entier de la main de l'endosseur, ni qu'il y ait le *bon et approuvé* si on a usé de cette permission. Un tiers peut le signer pour le propriétaire empêché; il ajoute alors ces mots : *par procuration.*

L'endossement transfère la propriété, même à l'égard des tiers, et le cédant est garant de la solvabilité actuelle et future ; de l'existence de cette garantie et de la solidarité entre tous les obligés, il résulte que si plusieurs endossements successifs ont lieu, les endosseurs garantissent tous ceux qui viennent après eux, et sont garantis par les endosseurs antérieurs.

L'endossement peut être fait jusqu'à l'échéance; mais, après le protêt, il n'est plus possible. La lettre de change alors a disparu, il n'y a plus qu'une créance qui en résulte ; et si la cession du titre est dispensée des formes ordinaires, il n'en est pas de même du transport d'un créance remplaçant la lettre ; le cessionnaire d'ailleurs ne saurait être obligé de constater le refus de payement, ni soumis aux fins de non-recevoir, qui sont la suite de sa non-constatation, puisque l'observation des délais ne serait plus possible.

L'endossement comme tout contrat synallagmatique est irrévocable. Si l'on n'a pas rempli les formalités exigées par l'art. 137, il est irrégulier et ne vaut que comme procuration (art. 138). L'endossement en blanc est irrégulier ; seulement c'est, comme dit Savary, une pierre d'attente ; il peut être rendu régulier par le porteur ou toute personne, pourvu que l'endosseur ne soit pas devenu incapable de le régulariser lui-même.

L'endossement régulier fait par le porteur d'un endossement irrégulier est-il valable ? Pothier pensait que le cédantav ait pu céder la propriété d'un titre qu'il n'avait pas lui-même et que son endossement ne valait que comme mandat de recevoir le payement ; mais aujourd'hui, la jurisprudence et la doctrine, tout en admettant avec Pothier que la propriété n'est pas transférée, déclarent que l'endos irrégulier vaut mandat soit pour

recevoir, soit pour négocier, et que la cession faite par ce pro-
cureur produit tous ses effets. Vis-à-vis du cessionnaire le porteur de l'endossement irrégulier est seul tenu, il est considéré
comme commissionaire.

Solidarité.

Pour faciliter la circulation des lettres de change, le législateur a établi la solidarité entre tous leurs signataires, art. 140.
Ils ne seraient pas reçus à opposer les exceptions de division et
de discussion.

Cependant la solidarité de l'art. 149 n'est pas parfaite ; dans la
solidarité ordinaire les débiteurs sont censés s'être donné mandat de se représenter vis-à-vis du créancier. Ce contrat n'existe
pas dans la solidarité de l'art. 140, car les poursuites exercées
contre l'un des signataires ne suffiraient pas pour conserver les
droits du créancier sur les autres.

Aval.

L'aval est une espèce de cautionnement donné en faveur du
porteur par un tiers ; un obligé, par cette nouvelle promesse,
n'augmenterait pas les sûretés du créancier. Il peut être donné
pour tous les obligés, et celui qui le donne doit être capable de
signer une lettre de change.

Dans l'intérêt du débiteur il peut être fait par acte séparé
(142).

L'effet de l'aval est d'obliger celui qui le souscrit commercia-
lement et solidairement.

Il résulte de ces mots de 142 : *sauf les conventions différentes
des parties*, que ses effets habituels peuvent être modifiés. On
peut le donner conditionnellement, s'affranchir de la contrainte

par corps, restreindre la garantie quant à la somme, quant aux personnes à garantir, quant aux biens grevés.

De l'extinction des obligations des obligés.

Des modes d'extinction des obligations indiqués par 1234, six concordent avec les règles spéciales du contrat de change.

Ce sont : la novation, la remise volontaire, la compensation, la confusion, la prescription, le payement.

Le Code ne traite que du payement.

Du payement.

La lettre de change doit être payée à son échéance, et le bénéfice du terme étant stipulé, autant dans l'intérêt du créancier que du débiteur, le payement ne peut être anticipé contre le gré de l'une ou de l'autre des parties.

C'est pour conserver ces principes que le Code ne permet pas aux juges d'accorder le délai de grâce indiqué par 1244.

Le payement d'une lettre de change, comme de toute créance, doit être fait au véritable propriétaire, et au propriétaire capable de recevoir. Le débiteur devra examiner s'il n'est pas failli, femme mariée, mineur, interdit, ou s'il n'y a pas opposition, laquelle n'est admise qu'en cas de perte du titre ou de faillite du porteur (149).

Du reste, la loi a établi quelques présomptions de libération pour ou contre le débiteur, suivant qu'il est ou n'est pas en faute.

D'après 144, il est responsable de la validité du payement s'il est effectué avant l'échéance; le véritable propriétaire peut lui dire : Si vous aviez attendu cette époque, vous auriez découvert

le porteur ; mais, s'il a payé à l'époque désignée, il sera présumé valablement libéré (145).

Cette présomption serait détruite, bien entendu, par la preuve
de la faute, par exemple, qu'il connaissait le véritable propriétaire. Ce payement ne peut consister qu'en numéraire, et, s'il y
a stipulation expresse, dans les espèces indiquées (143).

L'or, l'argent et la monnaie de billon pour l'appoint de la
pièce de cinq francs sont seuls considérés comme numéraire ;
les billets de la Banque de France sont de simple confiance.
depuis 1852 ils n'ont plus cours forcé comme sous l'empire du
décret du gouvernement provisoire.

C'est la somme mentionnée sur le titre qui devra être payée :
le créancier, tout en ayant le droit de l'exiger en entier, peut,
contrairement à l'ordonnance de 1673, la recevoir pour partie,
et conserve le droit sur le surplus par un protêt. On veut même
que le créancier soit obligé de recevoir la partie qui lui est of-
ferte, afin qu'il ne puisse dépendre de lui de priver les garants
de cet adoucissement à leur obligation. Sans cela, dit-on, l'article 156 serait une superfétation, s'il n'avait pour but que de
dire que le payement partiel peut être accepté par le créancier.
On répond que 156 est dans la pensée des rédacteurs l'abo-
lition des conséquences de l'acceptation partielle sous l'ordonnance, et que quant aux considérations, elles militent autant en
faveur du créancier que du tireur qui, probablement, n'a fourni
que peu ou point de provision.

La lettre de change peut être tirée par 1re, 2e, 3e, etc. ; le
payement fait, sur l'une d'elles, annule les autres ; mais
si l'un des exemplaires est revêtu de l'acceptation, le tiré, en
payant sur une 2e, 3e, n'opérerait pas sa libération vis-à-vis du
tiers porteur de son acceptation. C'est au tiré qu'on doit s'a-
dresser d'abord pour le payement, même quand il y aurait un
intervenant accepteur, car c'est lui que les parties ont eu en

vue. Là lettre sera ensuite présentée aux personnes désignées comme devant payer à défaut du tiré, et enfin à l'intervenant.

Par l'opposition, le propriétaire qui a perdu la lettre empêche bien les tiers d'en toucher le montant; mais cela ne suffit pas pour en exiger le payement. S'il n'y a pas eu d'acceptation et qu'il ait un des exemplaires entre les mains, il peut l'exiger sur la présentation de cette 2ᵉ, 3ᵉ (150). — Mais le tiré qui a accepté peut refuser d'effectuer, sur la présentation d'une 2ᵉ, 3ᵉ, un payement qui ne le libérerait pas complétement, et pour l'exiger, le propriétaire de la 2ᵉ, 3ᵉ, devra être muni d'une ordonnance du juge, et garantir l'accepteur des poursuites du porteur de son acceptation.

S'il n'a pas été délivré plusieurs exemplaires, il faut que le propriétaire s'en procure un nouveau; pour cela, il s'adresse au tireur s'il est présent ou à son endosseur s'il est porteur. Dans ce dernier cas, l'endosseur lui doit son nom et ses soins pour agir contre son propre endosseur, et on remontera ainsi d'endosseur à endosseur jusqu'au tireur qui est tenu de délivrer un nouveau titre sur lequel les endossements sont rétablis; le tout, bien entendu, aux frais du propriétaire du titre égaré. Alors, s'il n'y avait pas d'acceptation, le propriétaire muni du duplicata pourra exiger purement et simplement le payement; mais, dans le cas contraire, il lui faudrait encore l'ordonnance du juge, et donner caution.

Le Code indique un troisième cas : c'est celui où le propriétaire ne peut présenter aucun exemplaire, qu'il y en ait eu plusieurs ou un seul de délivrés, et où il n'a pas eu le temps de s'en procurer un nouveau. Dans ce cas, que la lettre fût ou non revêtue de l'acceptation, le propriétaire devra : 1° prouver qu'il en était propriétaire : s'il est commerçant, par les preuves spéciales au commerce; s'il ne l'est pas, par tous les moyens du droit civil; 2° obtenir un jugement du tribunal de commerce; 3° don-

ner caution, ce qui est une grande exigence quand il n'y a
pas eu acceptation, puisque le payement libèrerait complète-
ment (152). L'engagement de la caution, dans ces différents
cas, se prescrit par trois ans (155), ce qui pourra amener ce résultat que le créancier n'aura plus de recours possible contre la
caution, tout en conservant ses droits sur l'accepteur, pour lequel la prescription est de cinq ans. Mais au bout de trois ans il
y a une grave présomption que celui qui a reçu le payement est
le véritable propriétaire, et la loi a voulu donner plus de faci-
lités pour trouver une caution en diminuant le temps de son engagement (1).

En cas de refus de payement, le propriétaire conserve tous
ses droits par un acte de protestation; il est fait le lendemain de
l'échéance; il est notifié aux tireur et endosseurs dans les formes
et délais indiqués pour le protêt, dont il ne diffère que parce
qu'il ne reproduit pas littéralement le titre (153). La position du
tireur et du tiré se trouve modifiée par le payement fait par ce
dernier. Le tiré est déchargé d'autant s'il était débiteur, et s'il
agissait à découvert, il devient créancier de la somme dont le
tireur devient débiteur.

Une lettre de change peut contenir un faux. L'apposition sur
le titre de la signature d'une personne sans son consentement,
ou de celle d'une personne imaginaire, soit comme tireur, soit
comme endosseur ou comme accepteur, sont autant de cas de
faux; sur qui en retomberont les conséquences?

Si c'est la signature du tireur qui est fausse, le tiré supportera la perte; il était plus à même que le porteur de découvrir
le faux, car ce dernier souvent ne connaît pas le tireur, et même
si le tiré a accepté avant de découvrir le faux, il ne pourra

---

(1) Bravard-Veyrières.

refuser de payer au porteur qui n'a pris le titre qu'en voyant l'acceptation. Le faux sur la signature de l'accepteur ne l'autoriserait pas à répéter ; il sera dans la position d'un accepteur par intervention pour le tireur.

Mais le faux dans l'acquit du porteur libérera le tireur et les endosseurs; le propriétaire qui a laissé tomber son titre dans les mains d'un tiers de mauvaise foi pouvait, par l'opposition, empêcher le tiré de vider ses mains à son préjudice. Ce dernier lui-même sera libéré par le payement s'il ne connaissait pas l'altération de la lettre.

Lorsque c'est le montant de la somme portée sur la lettre qui a été changé, il n'y a non plus faux mais falsification. Dans ce cas, sur qui portera le dommage?

On a voulu le mettre à la charge du tiré, le porteur étant mis à l'abri par sa bonne foi, et le tireur par toutes les précautions désirables qu'il a prises (1). Mais il semble préférable de distinguer si l'acceptation est antérieure ou postérieure à la falsification. Dans le premier cas, le tiré est tenu pour le tout; dans le deuxième, qu'il ait accepté pour le tout ou pour partie, son engagement reste tel qu'il a entendu le souscrire (1).

Acceptation par intervention.

Lorsque le refus de payer a été constaté par le protêt, toute personne, quoique non obligée ou garant, peut acquitter une lettre de change. Si le payement était fait sans protêt, il y aurait simple gestion d'affaires, et cela que l'intervenant soit un des obligés ou un tiers, car l'art. 1251 du Code Napoléon n'est

---

(1) Pothier. — (2) Bravard.

pas applicable aux lettres de change, puisque le tiers qui paye après protêt est subrogé aux droits du porteur.

L'intervention et le payement seront constatés dans le protêt ou à la suite de l'acte (158).

La faculté de payer par intervention n'est restreinte qu'autant que l'exige la nature des choses. Ainsi, celui qui a accepté ne peut intervenir.

Elle peut avoir lieu pour le tireur et l'un des endosseurs, et, quoique 158 ne le dise pas, pour le donneur d'aval et l'accepteur, car les mêmes raisons existent à leur égard.

Nous avons vu que par son acceptation l'intervenant se mettait au lieu et place du tiré, devenait débiteur. Le payement produit des effets diamétralement opposés : l'intervenant devient créancier et succède au porteur dans ses droits et actions.

Il n'est pas impossible que le porteur, désirant exercer lui-même son recours, se refuse à être payé par un intervenant. Que décider dans ce cas? Nul ne peut être contraint de céder ses droits, mais aussi nul ne peut nuire volontairement à autrui. L'intervenant peut ne vouloir qu'acquérir les bénéfices d'un compte de retour; il n'y a pas alors de motifs pour forcer le porteur à lui abandonner cet avantage; mais si l'intervenant déclare qu'étant débiteur d'un des obligés, il n'entend que rentrer dans ses débours sans frais de rechange ni compte de retour, le refus du porteur serait mal fondé.

On peut déclarer intervenir pour tel ou tel, et si aucune mention n'est faite, on est censé avoir voulu acquérir les droits du porteur contre tous les signataires (158).

Les effets du payement par intervention sont d'autant plus favorables qu'il opère plus de libérations; aussi si une personne offre de payer pour le premier endosseur, elle est préférée à celles qui interviennent pour les suivants. Celui qui se présente pour payer à l'honneur du tireur passe avant les autres

puisqu'il libère tous les endosseurs. Mais s'il se présente plusieurs intervenants pour la même personne, quel que soit celui
qui paye, il n'opérera pas plus de libérations que les autres.
L'ordre de préséance doit seul alors être suivi , à moins
qu'un de ceux qui se présentent pour payer ne prouve qu'il est
chargé par un des signataires de le faire ; ainsi du besoin, ainsi
du tiré, au moins lorsqu'il se présente pour le tireur. Quelques
auteurs lui refusent la préférence lorsqu'il intervient pour un
endosseur, parce qu'alors il ne peut plus être regardé comme
exécutant un mandat. Ce qui est certain c'est que s'il voulait
rembourser pour un endosseur postérieur à celui pour lequel
une autre personne se présente, on ne saurait lui accorder la
préférence sans violer la règle qui domine la matière (159).

Contrairement à l'art. 1249 du Code civil, celui qui paye par
intervention est subrogé aux droits et actions du porteur quoique étranger à la dette, et sans le consentement soit du créancier, soit du débiteur (158). La même disposition existait déjà
dans l'ordonnance afin d'engager davantage, disait Pothier, les
amis du tireur et des endosseurs à leur rendre ce service et à
conserver par ce moyen l'honneur du commerce et le crédit
des négociants.

En faisant connaître les droits et actions du porteur, ce sera
assez indiquer ceux de son subrogé.

Droits et devoirs du porteur.

Ou plutôt, devoirs et droits : avant de jouir de la protection
de la loi, il faut commencer par lui obéir.

La première obligation du porteur est de requérir l'acceptation dans les cas où la loi le lui impose.

Il y a surtout nécessité impérieuse de le faire, lorsque la lettre
est payable à un certain délai de vue, et, de plus, la présentation

doit être faite dans les six mois pour les lettres tirées d'Europe en Europe et dans un temps calculé sur la distance des lieux, et sur la difficulté des communications pour celles qui sont tirées en Europe et payables dans d'autres pays, et *vice versa;* ces délais sont indiqués par l'art. 160.

Le deuxième devoir du porteur consiste à réclamer le payement à l'échéance, et, à défaut de payement, à constater le refus par un protêt, le lendemain de l'échéance (161 et 162).

Si le jour de l'échéance est un des jours désignés comme fériés dans le concordat de l'an X ou le décret du 20 mars 1810, le protêt est fait le jour suivant (162).

Le protêt faute d'acceptation ne dispense pas le porteur de présenter la lettre au tiré le jour de l'échéance, car le tiré peut ne pas avoir les mêmes motifs de refuser de rembourser le titre, et le protêt faute de payement doit également être fait.

La mort du tiré, sa faillite, ne relèvent pas non plus le porteur de ces obligations.

Sa faillite permet seulement au porteur d'exercer son recours immédiatement, puisque le failli est inhabile à exciper du terme. C'est à tort qu'on regarderait les intéressés au payement comme suffisamment instruits par la publicité de la faillite, comme le disait Pothier : il n'est pas impossible qu'ils aient ignoré la faillite, quelque publique qu'elle soit ; d'ailleurs, ne voyant pas de protêt, ils ont pu croire que le porteur avait trouvé quelque moyen de se faire payer.

Le protêt, pour qu'il serve à quelque chose, a besoin d'être notifié aux intéressés ; aussi est-ce un nouveau devoir que la loi impose au porteur, à peine de déchéance, s'il n'est pas fait dans le délai de quinzaine avec une assignation en justice à défaut de remboursement.

La Cour de cassation a décidé que si le quinzième jour, à

partir de l'échéance, était un jour férié, les formalités exigées ne pourraient être remplies le lendemain : c'était au porteur à prendre ses précautions.

Le délai de quinzaine est fixé dans l'hypothèse que le porteur réside dans la distance de cinq myriamètres du lieu où le jugement aura lieu ; il est augmenté d'un jour par deux myriamètres et demi excédant les cinq myriamètres. L'art. 166 fixe les délais pour les lieux situés hors d'Europe. Ces délais sont doublés en cas de guerre maritime.

Le porteur ne peut opposer à un de ces garants les délais que la loi lui accorde vis-à-vis des autres obligés. La disposition qui permet au porteur de poursuivre le tireur et les endosseurs collectivement ou individuellement, à son choix, doit être entendue en ce sens que le porteur peut requérir la condamnation du tireur avant que la procédure soit instruite contre les endosseurs, encore qu'il ait assigné l'un et l'autre à la fois, et chacun peut exciper du défaut de diligences et poursuites dans le délai qui leur appartient en propre.

Le porteur qui ne remplit pas les devoirs que la loi lui impose est coupable (*dolus est si quis nolit persequi quod potest aut si quis non exegit quod exigere potest*) ; aussi est-il déchu de tous ses droits et actions : il est présumé en faire l'abandon.

On s'est demandé si le porteur, après avoir notifié le protêt et cité en justice, est déchu de ses droits s'il ne prend pas jugement.

Ce n'est pas une raison suffisante de dire que la citation serait un non-sens si elle ne devait être le prélude d'une condamnation ; car le porteur, après avoir averti les tiers, peut s'arrêter en pensant qu'il va faire des frais profitables au fisc seul, si même il n'en est prié par ses débiteurs eux-mêmes ; aussi n'admet-on pas généralement l'opinion préconisant une déchéance qui d'ailleurs n'est écrite nulle part dans la loi. Toutefois le porteur ne laissera pas écouler plus de trois ans sans continuer les poursuites, car passé ce temps, sa procédure serait frappée de présomption.

La négligence du porteur ne peut empêcher le tiré de se libérer; seulement, il devra remplir les formalités prescrites par la loi du 6 thermidor an III, qui l'autorise à déposer le montant du titre, si le porteur ne s'est pas présenté dans les trois jours qui suivent l'échéance.

Le porteur qui a requis l'acceptation avant l'échéance, qu'elle fût obligatoire ou facultative, peut, après avoir constaté le refus d'accepter, demander caution en remboursement immédiat au tireur et aux endosseurs.

Il a encore les mêmes droits, lorsque les chances de payement se trouvent diminuées par la faillite du tireur ou celle de l'accepteur; *a fortiori*, il a un recours contre tous ses garants, si le payement n'est pas fait à l'échéance ; il peut même, par ordonnance du président du tribunal de commerce, rendre une simple requête et sans assignation préalable faire saisir conservatoirement leurs effets mobiliers.

Par son acceptation, le tiré est devenu débiteur direct et principal, et s'est soumis à l'action personnelle du porteur.

Deux circonstances motiveraient seules son refus de payer : la faillite du porteur, une opposition en cas de perte du titre.

Mais si le tiré n'a pas accepté, le porteur ne pourrait agir contre lui qu'au lieu et place du tireur, si ce dernier avait fait provision.

Le tireur a garanti le payement à l'échéance; s'il n'est pas fait par le tiré, il le doit donc lui-même. Pour exercer son recours contre lui, le porteur doit remplir certaines formalités déjà exposées ; leur omission ne sera pourtant un motif de déchéance que si le tireur prouve qu'il avait fait provision ;

maispour nous qui avons entendu 117, en ce sens que l'acceptation fait supposer la provision du tireur au tiré et ne présume rien contre le porteur, la preuve de cette provision devra toujours être faite par le tireur sans avoir égard à l'acceptation du tiré.

Le tireur pour compte étant un véritable commissionnaire, le donneur d'ordre ne peut être sujet à aucune action de la part du porteur, qui ne pourrait l'atteindre qu'en vertu de l'article 1166.

Les endosseurs, en cédant leurs droits, se sont portés garants des autres obligés, et, par l'effet de la solidarité, sont tous tenus euvers le porteur de l'acceptation et du payement. Comme pour le tireur, le porteur doit remplir les formalités prescrites pour conserver son recours contre eux; seulement, vis-à-vis d'eux, le fait seul de l'inobservation de la loi entraînera déchéance, sans examiner, s'il y avait ou n'y avait pas provision, comme pourrait le faire supposer le dernier alinéa de 117, souvenir de principes autrefois admis et vraie anomalie avec les idées adoptées maintenant.

Si le tireur ou les endosseurs ont été remboursés par le tiré, ils ne seraient plus de bonne foi en excipant contre le porteur de sa négligence. L'art. 171 conserve le porteur dans l'intégralité de ses droits, si après l'expiration des délais fixés pour le protêt, la notification du protêt ou la citation en jugement, le tireur ou l'un des endosseurs a reçu par compte, compensation ou autrement, les fonds destinés au payement de la lettre de change. Ils ne peuvent prétendre supporter un préjudice du recours du porteur, et le tireur spécialement n'est pas censé avoir fait provision puisqu'il reçoit d'une main ce qu'il a donné de l'autre.

Aval.

L'aval est un cautionnement; celui qui le donne est tenu solidairement avec ceux qu'il garantit et par les mêmes voies et actions.

Actions récursoires.

Celui qui a remboursé le porteur peut avoir lui-même des garants : tel est un endosseur vis-à-vis du tireur et des autres endosseurs dont l'endos a précédé le sien. Il est subrogé contre eux aux droits et actions du porteur. Il n'est pas nécessaire, pour qu'il exerce son recours, qu'il ait payé, il suffit qu'il soit poursuivi. Il jouit des mêmes délais que le porteur, mais, pour lui, ils partent du lendemain de la date de la citation en justice.

Protêts.

Ceux qui jouent le rôle de garants dans le contrat de change ne se sont obligés à payer qu'à défaut du tiré; il faut donc que le refus du tiré soit un fait accompli et constaté pour que le porteur intente son action en garantie. Le protêt est l'acte destiné à faire cette preuve.

C'est un acte extrajudiciaire et solennel; il est fait faute d'acceptation ou faute de payement. Il exige la présence d'un officier public, notaire ou avoué, qui depuis le décret du 20 mars 1848 n'ont plus besoin d'être accompagnés de deux témoins.

Ce protêt faute d'acceptation n'est obligatoire que quand la lettre est à un délai de vue; mais le protêt faute de payement n'est jamais facultatif, sauf lorsque les garants ont été condamnés après le protêt faute d'acceptation.

Aucun acte ne peut remplacer le protêt, excepté dans le cas prévu par 150 et suivants.

La convention des parties peut très licitement dispenser du protêt, qu'elle soit consignée sur le titre même ou dans un acte séparé.

Cette dispense résulte même tacitement de la clause de retour sans frais.

Le protêt doit être fait au domicile de celui sur qui la lettre de change était payable, ou à son dernier domicile connu, chez le domiciliataire, au domicile de ceux indiqués au besoin, ainsi qu'à celui de l'accepteur par intervention.

Un seul et même acte suffit s'il doit être fait à plusieurs.

En cas de fausse indication de domicile, le protêt est précédé d'un acte de perquisition (173).

Le législateur, par les prescriptions contenues dans l'art. 174, a pour but d'éviter les altérations postérieures à l'échéance, et de donner au débiteur connaissance exacte du titre dont le payement est réclamé.

L'acte du protêt contient la transcription littérale de la lettre de change : l'aval, les endossements, les recommandations, l'acceptation, tous les contrats qui sont venus s'unir à la lettre de change. Le titre lui-même doit être présenté; mais le défaut de présentation n'est pas une cause de nullité, du moins d'après la cour de cassation. L'acte doit être signé, ce qui comprend l'an, le jour, le mois.

Il doit mentionner le nom de celui à la requête de qui le protêt est fait; le nom, la demeure, l'immatricule de l'huissier.

Ce dernier déclare s'être porté au domicile indiqué, avoir parlé à un tel et demandé le payement immédiat en présentant l'effet; il énonce la présence ou l'absence de celui qui doit payer, les motifs du refus de payer, l'impuissance ou le refus de signer (174).

Ces énonciations exigées sont toutes utiles, quoique avec un degré d'importance différent; mais la loi ne place nulle part si elles sont toutes ou quelques-unes seulement exigées à peine de nullité : c'est une question laissée à l'appréciation du juge, comme l'apprend du reste l'historique de cette partie du Code.

Les notaires et les huissiers sont tenus, à peine de destitution, dépens, dommages-intérêts envers les parties, de laisser copie exacte des protêts et de les inscrire en entier, jour par jour et par ordre de date, dans un registre coté, paraphé et tenu dans les formes prescrites pour les répertoires. Cette dernière formalité a pour but de remédier à la perte de l'acte (176).

Retraite.

Si la loi n'avait accordé au porteur non payé que le droit d'exercer son recours contre ses garants, elle n'aurait pas fait assez pour lui. Il a peut-être immédiatement besoin de son argent, et ne peut attendre l'effet des poursuites qu'il a intentées; la retraite lui offre le moyen de rentrer immédiatement dans ses fonds.

Il se présente à un banquier du lieu où la traite était payable, et lui fait escompter une autre lettre sur l'un de ses débiteurs, et contenant la valeur de l'ancienne. C'est là ce qu'on nomme la retraite.

Le tiers qui va compter l'argent au porteur exigera probablement une certaine somme pour prix du change ou un intérêt; le porteur s'en couvrira vis-à-vis de son garant par le rechange.

On le voit, le rechange est à la retraite ce que le change est à la lettre elle-même, et en désignant sous le nom de rechange le contrat qui vient d'avoir lieu, le Code se sert d'une expression aussi impropre que le serait celle de change appliquée à l'opération première.

La retraite est soumise, quant aux formes et à ses caractères essentiels, aux mêmes règles que la lettre elle-même.

La retraite doit être accompagnée d'un compte de retour (180).

Ce compte de retour comprend : le principal de la lettre de change protestée, les frais de protêt et autres frais légitimes, tels que commission de banque, courtage, timbres et ports de lettres, l'intérêt de ces mêmes frais à compter de la demande en justice (185) ; l'intérêt du capital de la lettre protestée du jour du protêt (184).

Il énonce le nom de celui sur qui la retraite est faite et le prix du change auquel elle est négociée. Il est certifié par un agent de change, ou par deux commerçants dans les lieux où il n'y a pas d'agent de change. Il est accompagné de la lettre de change protestée, du protêt ou d'une expédition de l'acte de protêt.

Dans le cas où la retraite est faite sur l'un des endosseurs, elle est accompagnée en outre d'un certificat constatant le cours du change du lieu où la lettre de change était payable sur le lieu d'où elle a été tirée (181).

En l'absence de certificats signés d'agents de change ou de commerçants, il n'est point dû de rechange (186).

La retraite peut être faite sur le tireur ou sur les endosseurs. Quand elle est faite sur le tireur, le rechange se règle par le cours du change du lieu où la traite était payable sur le lieu d'où elle a été tirée (179). Ce point ne présente aucune difficulté.

Lorsque la retraite est faite sur l'un des endosseurs, il se règle par le cours du change du lieu où la lettre a été remise ou négociée par les endosseurs, sur le lieu où le remboursement s'effectue (179).

Ce dernier paragraphe de 179 est loin d'être facile à expliquer ; aussi voit-on des auteurs proposer des interprétations qui ne peuvent s'admettre, confondre le point de départ et le point d'arrivée, ou bien, lorsque la retraite n'est pas faite sur l'endosseur immédiat, se trouver arrêtés dans l'application d'un système qui d'ailleurs ne peut se comprendre qu'avec plusieurs comptes de retour, ou des certificats que la loi ne demande pas.

Cette partie de 1679 n'est cependant pas restée sans explication, et l'on est parvenu à en combiner toutes les exigences, en l'entendant ainsi.

Le lieu où la lettre a été négociée par chaque endosseur, est celui d'où leur endos est daté.

Quant au lieu où le remboursement s'effectue, c'est celui où le compte de retour est remboursé, remboursement qui s'effectue d'endosseur à endosseur.

Maintenant une distinction est nécessaire : le cours du change du lieu du payement sur le lieu où la retraite est dirigée est moins élevé que le cours du change du lieu du payement sur le lieu d'où la lettre a été tirée, le porteur alors ne comprend dans la retraite que le rechange d'après le cours du lieu du payement sur le lieu où la retraite est dirigée, car il ne peut réclamer plus qu'il ne lui en a coûté.

Au contraire, le cours du change du lieu du payement sur le lieu où est dirigée la retraite est plus élevé que le cours du change du lieu du payement sur le lieu d'où la traite a été tirée; le porteur ne peut réclamer le payement que d'après ce dernier cours, qui est le plus faible; il n'a pas à se plaindre, il supporte une perte qui aurait pu être un bénéfice.

Il pourra être payé au plus d'après le cours du change du lieu du payement sur le lieu où la lettre a été remise, c'est-à-dire le change qu'aurait payé le tireur si la retraite avait été faite sur lui, et il touchera moins si le cours du lieu du payement sur le lieu du domicile du tiré de la retraite est le plus faible. Ces deux certificats de 181 sont donc une nécessité pour fixer la quotité du rechange, lorsque le porteur exerce un recours sur un endosseur.

L'endosseur qui a remboursé la retraite du porteur peut agir à son tour sur son cédant, et ainsi de suite jusqu'au tireur, et voici comment on réglera les nouvelles retraites.

Celui qui aura remboursé la retraite et le compte de retour d'après la distinction qui a été faite, s'adressera à son cédant et en réclamera ce même compte de retour qui sera remboursé à lui et aux autres endosseurs par ceux qui les précéderont, de sorte que chacun ne réclamera que le rechange qui doit enfin être payé par le tireur, et supportera celui auquel donnera lieu la négociation de sa propre retraite, si toutefois il y en a un.

Donc, il n'y a qu'un compte de retour, chaque endosseur ne supporte qu'un seul change, et les deux certificats exigés par 181 seront toujours utiles et toujours suffisants.

SECTION II.

Du billet à ordre.

Le billet à ordre est celui par lequel un individu promet à un autre de payer à une époque déterminée une certaine somme, à lui ou à son ordre.

Le billet à ordre est daté ; il énonce la somme à payer, le nom de celui à l'ordre de qui il est souscrit, l'époque à laquelle le payement doit s'effectuer, la valeur qui a été fournie en espèces, en marchandises, en compte, ou de toute autre manière (188).

On n'est pas d'accord sur la question de savoir si l'omission de l'une de ces formalités rend le billet à ordre une simple promesse; le défaut de clause d'ordre aurait certainement cet effet.

Dans le billet à ordre, il n'y a que deux personnes, le sous-cripteur et le bénéficiaire, autrement dit le tireur et le preneur de la lettre de change.

Il est payable dans le lieu même où il est souscrit.

Si le billet contenait la remise de place en place, il ne serait plus billet à ordre, mais billet à domicile.

On appliquera au billet à ordre et au billet à domicile toutes les dispositions relatives aux lettres de change concernant l'échéance, l'endossement, la solidarité, l'aval, le payement, le payement par intervention, le protêt, les droits et devoirs du porteur, le rechange ou les intérêts. Les règles sur l'acceptation et la provision ne sont évidemment pas applicables aux billets à ordre.

La restriction faite par l'art. 187 *in fine* porte sur ce que le billet à ordre n'étant pas toujours comme la lettre de change un acte commercial, ne soumet pas dans tous les cas le souscrip-teur à la juridiction commerciale.

SECTION III.

Prescription.

Par dérogation au droit commun, toutes actions relatives aux lettres de change et à ceux des billets à ordre souscrits par des négociants, marchands ou banquiers, ou pour faits de commerce, se prescrivent par cinq ans.

C'est une des applications de ce principe que toutes les affaires relatives au commerce doivent être promptement réglées.

Le Code dit : toutes actions *relatives*, etc. ; il semble dès lors qu'on ne doit plus décider avec Pothier, sous l'empire de l'or-donnance, que les seules actions qui *résultent* des lettres de change sont prescriptibles par cinq ans, et que cette courte prescription ne s'applique pas à la créance de l'accepteur.

Il en est de même de la créance du tireur qui a fait provision sur le tiré non accepteur, ou qui a laissé protester après avoir accepté.

Cette prescription commence à courir du jour du protêt ou de la dernière poursuite.

La prescription de cinq ans étant fondée sur une présomption de payement, la loi dispose que les débiteurs doivent assurer sous serment qu'ils ne sont plus redevables, et leurs veuves, héritiers ou ayants cause qu'ils estiment de bonne foi qu'il n'est plus rien dû (189).

QUESTIONS.

I. L'exception résultant d'une supposition ne peut être opposée aux tiers de bonne foi.

II. L'acceptation ne fait supposer la provision que du tireur au tiré.

III. Le porteur a sur la provision un droit de préférence sur les créanciers du tireur et du tiré.

IV. Le tireur pour compte n'est et ne peut être qu'un mandataire vis-à-vis du tiré.

V. Le porteur d'un endossement irrégulier peut consentir un endos régulier et translatif de propriété.

VI. Le porteur ne peut être forcé d'accepter un payement partiel.

VII. Ces mots de 179 : « le lieu où la lettre a été négociée par les endosseurs sur le lieu où le remboursement s'effectue, » ne peuvent désigner que le lieu d'où leur endos est daté, sur le lieu où le compte de retour est remboursé.

VIII. La créance de l'accepteur sur le tireur et celle du tireur sur le tiré non accepteur se prescrivent par cinq ans.

Vu par le Président de la thèse,
BONNIER.

Vu par le Doyen,
C.-A. PELLAT.

www.ingramcontent.com/pod-product-compliance
Ingram Content Group UK Ltd.
Pitfield, Milton Keynes, MK11 3LW, UK
UKHW021001120726
13693UKWH00004B/1756